진화론의 허구

켈리 세그래이브즈(Kelly L. Segraves) 박사, 로버트 코팔(Robert E. Kofahl) 박사, 볼톤 데이비드하이저(Bolton Davidheiser) 박사. 이상의 과학자들에게 깊은 감사를 표하는 바입니다.

보그가 사슴을 잡았다! 푸짐하게 먹을 수 있겠어!
역시 대단한 사냥꾼이야!
우리의 지도자, 보그!
이 놈, 삼 일 먹을거린 되겠어... 아이들이 배고프다고 난린데.
자, 집으로 돌아가자... 아아!!
'탁!!
저기야!

그 사슴은 우리 거야! 어서 넘겨!
무슨 소리!... 다 죽여!
우아아아아아
악..
퍽...
이얏..
놈들 수가 너무 많닷!
고긴 포기하고 어서
도망가자!

그날 저녁, 그들은 빈손으로 절뚝거리며 집으로 돌아갔다.
사냥 나갔던 이들이 돌아오고 있어요!
뭘 좀 잡은 것 같니?
빈손 인걸요.
단단히 화가 나 있을 거야. 아무 말도 건네지 마라.
타마는 어딨는 거지?
샘 곁에서 먹을 뿌리를 캐고 있어요.
그 주변이 매머드가 나오는 곳이라는 걸 타마가 알고는 있어?
아니요... 그리고 지금쯤이면 돌아와야 할 시간인데...

타마~야!
왜 그래?
매머드야! 도망 가!
아악! 발을 삤어!
나한테 가까이 오지 못하게 해 줘!
해볼게!
휘이익~~!
집으로 가서 보그를 불러... 빨리!

내가 알릴게!
어서!
안돼1
저리 가!
타마가 바위틈에서 겨우 버티고 있어요. 도와줘요!
어디?
저기... 저 바위... 너무 늦은 건 아닐까?
으르르르르르
도와줘... 살려줘요.
보그!

야아아아아아아아아!
우우우우우우우우!
타마를 받아!
타마는 살아 있어.
무사하다구!

절벽이야!
보그가 죽다니...
보그를 도와줘요!
어쩔 수가 없어.
으아아아아아아아악!

컷!
여기까지 인화해 줘요!
토미, 대단했어! 자네만한 사람은 없어!
뭘요... 감독님 지도 덕분이죠. 최고예요, 덱스터 감독님!
그건 그래!
참, 토미! 자네 친구들이 촬영장에 와 있네.

안녕, 팀!
토미
너 맞아?
그래, 나 맞아.
팀, 얼굴 좋은데, 잘 지내나!
너는 무서워...
이 유인원아!
이런... 미안해! 자, 이제 멋진
원래 내 모습으로!
토미, 여긴 짐 카터, 그리고 이 분은 린
드 박사님이셔.
안녕하세요... 만나서 반갑습니
다. 매점에서 간단하게 점심으
로 뭐라도 먹는 게 좋겠어요.
먹을 만한지 모르겠네.
여기선 바나나만 판다니까...
하하하! 옷 좀 갈아입고 올게.

내가 이 영화 제작소에 있는 쟁쟁한 거물들을 만나게 해 줄게. 국제지리 위원회 인사까지 있다니까!
저기들 계시군!
이분은 그 유명한 덱스터 감독님이시고!
안녕하세요!
안녕하십니까?
이분이 국제지리위원회에 계신 핀레이슨 박사님.
이분은 프로듀서 프랭크 코넬리씨!

린드 박사님은 의사신가요?
아니요, 핀레이슨 박사님, 전 인류학자입니다.
오, 굉장하네요!
진화론 전문가시군요!
그렇다고 할 수 있죠... 제겐 아주 익숙한 주제니까요.
우리가 대중들에게 과학이 입증한 역사적인 사실들을 전달한다는 게 얼마나 신선한지... 흥분을 감출 수가 없어요!
동감이오. 게다가 여기 핀레이슨 박사님은 한 장면 한 장면이 완벽하지 않으면 절대 그냥 넘기질 않으시는 분이시구요. 린드 박사님도 그러셨으리라 믿습니다.
솔직히 말씀드려도 될까요?
물론입니다, 린드 박사님.
진화론은 가장 심각하게 날조된 허구에 불과합니다.
허억!
뭐라구요?
그런 심한 농담을 함부로 해대다니... 도대체 당신 누구요?

그렇다면 내가 지금 제작하고 있는 이 TV 시리즈에 뭔가 미심쩍은 부분이라도 있단 말이오, 린드 박사?
물론입니다!
이 쓰레기들을 당장 촬영장 밖으로 던져 버리겠어!
그만두시오! 내게는 사람들에게 절대 진리를 제시해야 할 책임이 있소.
자... 린드 박사, 내 감정이나 관점에 치우치지 않을 테니
당신의 입장을 밝혀 주시오.
잠깐만요, 프랭크. 린드 박사님이 말씀을 시작하시기 전에 한 가지 묻고 싶은 게 있어요.
좋습니다. 핀레이슨 박사님.
린드 박사님, 설마 하나님이 이 우주를 창조했다고 믿고 있는 건 아니겠죠?
전 그렇게 믿습니다.
헤! 헤! 헤!
하! 하! 하!
당신 혹시 미키 마우스나 말도 안되는 이상한 이빨 요정 따위도 믿는 거 아니요? *하하하!*

린드 박사... 자격있는 과학자들 중 그렇게 믿고 있는 사람들이 얼마나 되죠?
두 명... 아니 저기 저 세 사람?
제가 아는 한 단체는 미시간 주에 본부가 있고, 여러 과학 분야를 전공한 450명 이상의 석, 박사들이 거기서 일하고 있습니다.
창조과학회(Creation Research Society) Ann Arbor, Michigan
사실이 그렇다면 왜 더 많은 교수들이 그 이론을 가르치지 않는 거죠?
진화론에 대들었다간 밥줄이 끊어질 게 뻔하니 그걸 무서워하는 겁니다.
아님 좀 전에 당신과 함께 일하는 아주 유식한 분들이 저에게 보였던 그런 반응들을 두려워하는 거죠.
여러분, 제 연구소로 같이 가셔서 사진 자료와 과학 자료들을 좀 보십시다.
팀, 시간 여유가 있나요?
물론이죠, 린드 박사님.
좋아요. 그렇다면 저도 도전할 준비가 됐습니다.
허허... 혹시 핀레이슨 박사님께서 당신의 신념을 묵사발로 만들까봐 벌써 겁에 질린 건 아니겠죠? 도망칠 생각은 마세요.

어쩌다 그런 광신자가 됐습니까?
광신이 아니라 이게 정상이라는 걸 알게 되실 겁니다.
하! 하!
짐, 시끄럽게 헛소리로 떠들어대는 저자가 사라지도록 기도드리자.
그러지!
하나님 아버지, 저희가 어렵습니다.
예, 주님.
이봐, 친구들!
뭘 하고 있는 거지?
덱스터 감독이 박사에게서 떠나도록 해 주셔서, 린드 박사님이 방해 없이 진화론의 실체를 밝힐 수 있도록 도와주십시오.
아멘!
믿을 수가 없군! 자네들 지금 기도를 한거야? 내가 한 마디 한 마디 다 들었다구!
토미, 우린 그리스도인이야!
정말 실망이다!
오늘 밤에 같이 술집에서 여자애들이랑 좀 놀아 볼까 했더니...
이제 보니 정신 병원으로 모셔다 드려야겠는데!

자, 여기가 우리 연구소입니다.
실례합니다만, 핀레이슨 박사님께 급한 전화가 와 있습니다. 뉴욕에 있는 박사님 사무실입니다.
잠시 실례하겠습니다, 여러분.
이런 그 모임이 취소됐다구! @!!☆☆! 지금 당장 비행기를 타도 오늘 밤에 뉴욕에 도착할 수 있을지 모르겠어!
알겠네! 그쪽으로 가지!
덱스터 감독, 지금 L.A. 국제공항으로 날 좀 데려다 주겠어요?
그러면 린드 박사는 어쩌구요? 이러다 저 얼간이가 프랭크 코넬리를 세뇌시키겠어요!
프랭크, 저자들 선전은 그저 쓰레기에 불과하니까 귀담아 들을 필요가 없소!
다 가감해서 듣고 있으니 걱정 말아요!
좋이요... 뉴욕에서 내가 연락하리다!
감사합니다, 주님.
이런... 정말 자네들이 기도한 대로 이루어졌잖아... 덱스터 감독님이 문을 나서고 있네... 그대로 적중하다니!
핀레이슨 박사님도 자리를 뜨셨네!

여러분, 말씀드린 대로 이곳이 우리 자료실 입니다. 셀 수 없는 사진 자료들이 있죠.
진화론을 입증할 수 있는 슬라이드 자료와 기타 자료들도 상당량 있습니다.

초기인류
이 도표를 통해서는 두개골, 각 종의 연대와 그 명칭을 보실 수 있습니다.

2,500만 년 전부터 현재에 이르는 인간의 모습을 보여 주고 있죠.
비용이 엄청났겠군요.
대중을 교육시키려면 말 그대로 수십억이 듭니다.

진화론이 사실이라는 것을 이렇게 당신 앞에서 입증했으니!
아주 인상 깊은 시간이었습니다.
이제 린드 박사, 당신이 말할 차례요!

이 모든 증거들이 성경을 기조로 한 당신의 신념을 위협하고 있을 텐데... 미리 말해 두는데... 이 그림같이 엉성한 전략으로 비방할 생각일랑 마시오.
1871년에 그린 이 케리커쳐는 진화론을 비방하기 위한 엉성한 풍자일 뿐이오.
저도 그럴 생각은 전혀 없습니다. 어차피 이 풍자만화는 진화론을 대항하는 증거가 될 수 없어요.
다윈
1871년 다윈을 비방하는 무리들에 의해 발행됨
코넬리씨, 과학적인 관점에서 이 문제를 보고 싶은데요... 제가 핵심적인 질문들을 드리겠습니다.
물으나 마나 진화론의 증거들과 일치할 게 분명하지만... 얼마든지요.
작년 리키 여사의 발견*으로 저 도표가 쓸모없게 됐다는 사실은 당연히 알고 계시겠죠?

*〈타임, *Time*〉, 1975. 11. 10, p.93

꼭 그런 것만은 아니오. 나도 그 발견에 대해 들었소만... 우리가 말하는 것은 단순히 인류의 역사를 300만 년 전까지 추적할 수 있다는 것이오. 시간상 다소 겹칠 수 있는 문제고.
코넬리씨, 바로 그게 당신이 지지하는 이론을 무너뜨리는 것인데도요?
뭐라구요?
그 300만 년이란 기간이 이 도표 거의 2/3를 쓸모없게 만들어 버린단 말입니다!
다시 말해 만약 오스트랄로피테쿠스가 이 지구에 존재하기도 100만 년 전에 인간이 있었다면
어떻게 그 오스트랄로피테쿠스가 진화해서 인간이 될 수 있냐는 말이죠!
덱스터 감독, 출발 10분 전인데... 코넬리씨에게 전화해서 상황이 어떻게 돼가고 있는지 알아봐야겠어!
아마 지금쯤이면 그자들을 멋지게 날려 보냈을 겁니다.
여보세요, 프랭크! 잘 돼 가고 있는 거죠?
그자가 물은 첫 번째 질문에 내가 벌써 바보된 것 같소! 못하겠어, 못하겠다구!! 당장 돌아와요. 당장!! 그렇지 않음 TV 시리즈고 뭐고 다 끝장난 줄 아시오! 찰카닥!

왜 그래요?
프랭크가 그놈한테 당하고 있어! 모든 게 위태롭다구!
안되겠어, 덱스터 감독. 뉴욕 출장은 취소하고 당장 촬영장으로 돌아가야겠어!!
린드 박사, 북경 원인에 대해선 어떻게 생각하시오? 뼈들을 함께 전시하진 못했지만 말이오.
그럴 수밖에요, 코넬리씨.
북경원인
그럴 수밖에 라니?
그 나머지 뼈들은 중국에 있는 발견자들이 보호 관리하고 있잖소!
당국의 허가를 받아 그 뼈들을 조사했던 두 명의 프랑스 과학자들은 그것들이 동물 뼈라는 사실을 밝혀내지 않았습니까!
거짓말이오!
그러고 나선 그 뼈들*이 제2차 세계대전 중에 감쪽같이 사라졌습니다!
코넬리씨, 죄송한 말씀입니다만 북경 원인은 좀 더 의심스러운 다른 종들*과 함께 전시해야 합니다. 예를 들어 원숭이 턱뼈와 인간 두개골 화석을 조합해서 만든 필트다운인이라든지...
생각하기도 싫은 끔찍한 실책이겠지만... 멸종된 돼지 이빨 하나로 만든 헤스페로피테쿠스라든지...
헬렌... 두통약 좀 가져다 줘요.
네, 코넬리 씨.

* 패트릭 오코넬, 〈오늘의 과학과 창세기 문제, *Science of Today and the Problems of Genesis*〉 pp.108-136 (Christian Book Club of America, Hawthorne, California 90250, 1969)

* 볼톤 데이비드하이저 〈진화론과 기독교 신앙, *Evolution and Christian Faith*〉 pp.340-349 (The Presbyterian and Reformed Publishing Co., 1969)

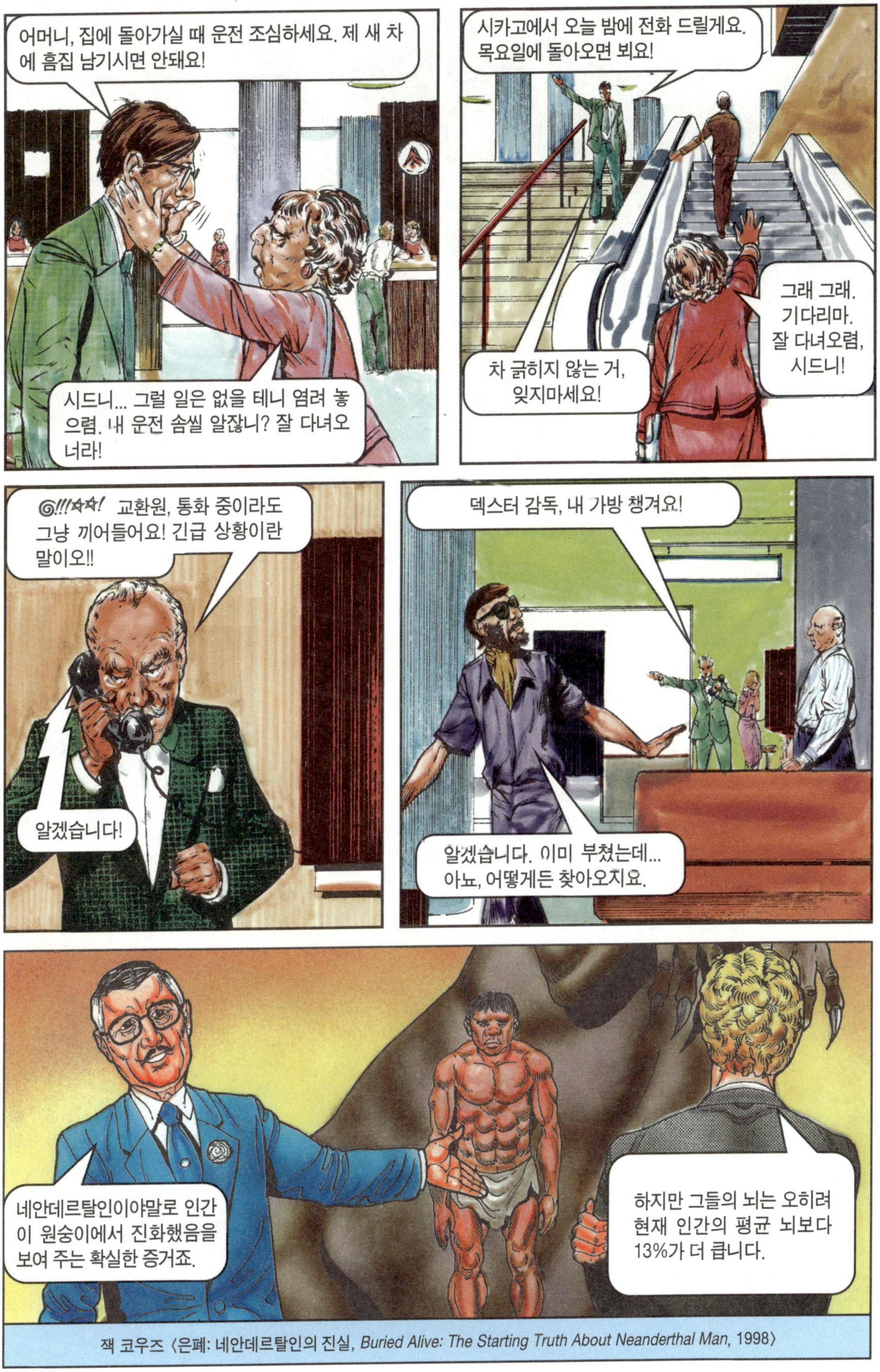
어머니, 집에 돌아가실 때 운전 조심하세요. 제 새 차에 흠집 남기시면 안돼요!
시드니... 그럴 일은 없을 테니 염려 놓으렴. 내 운전 솜씨 알잖니? 잘 다녀오너라!
시카고에서 오늘 밤에 전화 드릴게요. 목요일에 돌아오면 뵈요!
차 긁히지 않는 거, 잊지마세요!
그래 그래. 기다리마. 잘 다녀오렴, 시드니!
교환원, 통화 중이라도 그냥 끼어들어요! 긴급 상황이란 말이오!!
알겠습니다!
덱스터 감독, 내 가방 챙겨요!
알겠습니다. 이미 부쳤는데... 아뇨, 어떻게든 찾아오지요.
네안데르탈인이야말로 인간이 원숭이에서 진화했음을 보여 주는 확실한 증거죠.
하지만 그들의 뇌는 오히려 현재 인간의 평균 뇌보다 13%가 더 큽니다.
잭 코우즈 〈은폐: 네안데르탈인의 진실, *Buried Alive: The Starting Truth About Neanderthal Man*, 1998〉

자, 봤지, 시드니? 안 긁고 차 잘 빼고 있다!
어서 가요, 덱스터 감독. 최고 속도로 밟아요!
뭐하는 거야! 잘 봐야지!! 내 아들 차로 후진을 하면 어떻해!
빵! 빵!
진화론을 뒷받침하는데 왜 "루시"를 증거로 대죠? 그 화석이 보여 주는 거라곤 90센티미터 키에 긴 아래팔, 짧은 다리, 앞뒤로 흔들기에 적합한 구부러진 손, 발가락 뿐인데요.
루시
루시는 원숭이지 종과 종 사이의 "빠진 고리"가 아닙니다!*
오스트랄로피테쿠스 아파렌시스
찰스 옥스날드, 〈치아 화석과 성별의 새로운 조망, *Fossils Teeth & Sex-New Perspectives on Human Evolution by Dr. Charles Oxnard*, 1997〉 p. 227
또한 "호모에렉투스"라는 것도 긴팔원숭이의 두개골 상부와 사람의 대퇴골을 조합한 거라는 건 다 아는 사실입니다. *
라이덴 박물관과 미국 자연사 박물관에선 이미 이 전시물을 빼 버렸죠. 박사님께서도 그렇게 하셔야 합니다!
* 마빈 루베나우, 〈분쟁의 원인, 뼈, *Bones of Contention*〉 p.86; 켄트 호빈드, [창조 세미나, Creatkon Seminar #3]

린드 박사, 좀 전에 언급하셨던 리키 부인의 발견 말이오... 그 이견은 당신이 믿음을 두고 있는 성경과도 전혀 일치하지 않는다는 것을 아시오? 성경에서 아담과 이브는 약 만 년 전이나 그 이후에 등장하고 있잖소...
연수를 계산하는 방법이 틀렸으니까요.
오, 당신도 얼버무리는군.
탄소-14, 칼륨-아르곤법, 우라늄-납... 감히 어떻게 방사성 동위 원소 연대 측정법의 신뢰성에 의혹을 던질 수 있단 말이오?
제가 거의 알려지지 않은 한 가지 사실을 알려 드리죠.
좋소.
* 탄소-14 측정법으로 살아 있는 한 연체동물을 실험했습니다. 그런데 3천 년 전에 죽은 것으로 결과가 나왔습니다.
살아 있는 생물체였다구요?
예. 살아 있었습니다.
하하... 아주 엉망이네!
칼륨-아르곤 법으로 하와이에 있는 화산암을 검사했을 때도 30억 년 된 것으로 결과가 나왔습니다.
그럼 그때 화산이 폭발한 것 아니겠소!
아니오! 1801년에 폭발했습니다.
달에서 채취한 암석들도 다양한 방사성 동위 원소 연대 측정법으로 실험을 했습니다.
물론 모두 동일한 실험 결과를 얻었겠죠!
실망스럽게도 전혀 그렇지 않았습니다. 7억 년에서 *280억 년... 다양한 결과가 도출됐습니다. 사실 모든 게 추측일 뿐이죠. 다만 학자들은 정확한 답을 알고 있다고 믿도록 대중들을 세뇌시키고 있는 겁니다.
모든 것을 알고 계신 유일한 분은 이 우주를 지으신 *예수님이십니다!
과학적인 관점말고 다른 것을 끌어들이려거든 나가시오!
*요한복음 1:3-10

* M. Kieth and G. Anderson 〈사이언스, *Science*〉, 141호 (1963) p. 634

* 펑크호우저, 노튼, 〈지구물리학 연구지, *Journal of Geophysical Research*〉 73호, 1968.7.15, p.4601

* 존 G. 리드, 〈진화론의 과학적 확실성은 무엇인가, *What Is The Scientific Certainly Of Evolution?*〉 (Scientific Representations, P.O. Box 2384, Culver City, California, 90230)

쾅!
으아아악!
뭐야!
바보 같은 놈들! 시드니 차를 망가뜨렸어! 악마 같은 놈들아!!
물어내. 어떻게 할거야!! 물어내라고!!!
이, 무식한 할망구!! 놓지 못해!!
이보시오, 부인! 여기 이 400불이면 수리비로 충분할거요!
너희들, 날 넘어뜨렸어! 이 짐승들!
당신이 넘어 진 거잖아!
그만해, 덱스터!
경찰을 좀 불러줘요. 못가게 막아요!
미쳤군!
어디서 고함치는 소리가 들리는데 확인을 해봐야겠군.

코넬리씨, 그런데 보그가 죽는 장면에서 왜 공룡을 등장시키지 않으셨죠?
하하하... 그런 질문을 하다니... 클라크씨, 당신이 진화론에 얼마나 문외한인지 알겠군요!
코넬리씨, 팀이 아주 적절한 질문을 했다고 생각하는데... 저도 알고 싶습니다. 왜죠?
린드 박사님, 그 이유는 바로 공룡들이 7000만 년 전에 멸종됐다는 것이 과학적으로 입증됐기 때문이오. 공룡이 살았던 당시에 인간이 함께 살았다는 것은 완전히 비과학적이고 무식의 극치를 드러내는 것이란 말입니다!
그렇게 생각하신다면... 전 말을 말렵니다.
무슨 말을 하려던 거요?
박사님께서 말씀해 주시죠!
인간 발자국이 공룡 발자국과 함께 텍사스에 있는 팔룩시 강 근처 석회암층에서 발견됐습니다.
이런... 날 죽이려고 작정하셨군!
* 세그래이브즈, 〈공룡대실수, *The Great Dinosaur Mistake*〉 Beta Books, pp.34-39

몇몇 작은 공룡들이 여전히 살아 있다는 놀라운 증거가 있습니다. 1925년에 한 생물체가 캘리포니아 살리나스 근처 해안까지 떠밀려 왔습니다. 그것은 플레시오사우루스(plesiosaur)로 밝혀졌습니다.*

* 〈수중탐사지, *Skin Diver Magazine*〉 1989년 11월; 〈파선과 캘리포니아 중앙 해안의 바다 괴물, *Shipwrecks and Sea Monsters of California's Central Coast*〉 p.166; 복음주의창조과학회 홈페이지(www.drdino.com) 참조

공룡과 유사한 생물체의 출현은 세계 여러 곳에서 보고되고 있습니다.*

* 켄트 호빈드, [창조 세미나, Creation Seminar #3]

핀레이슨 박사님, 잘 빠져나왔으니까 걱정 마세요. 믿을 만하시죠?
주차금지
저기 저 파란 차다... 출동!

그 여자가 거짓말을 하는 거라구요... 당신 경찰관 맞아? 증 좀 봅시다!
선생님께선 묵비권을 행사하실 수 있습니다...
흥, 꼴 좋군! 결국은 일을 이렇게 만들어 놓고 맘 놓으라고 큰소리 친 거요?

맞아요, 바로 저자들이예요! 짐승 같으니라고!! 내가 당신들 얼굴을 잊었을 것 같아?
경찰서로 가시죠.

여보세요, 프랭크.
나 핀레이슨이요!
도대체 당신들 어디 있는거요!!!!!
나도 어이가 없소만... 덱스터 감독과 유치장에 갇혀 있소. 베버리 힐에 있는 군보안관 지국으로 와서 보석 신청을 좀... 해주실 수 있겠소?
일 없소!
철커덕
(헉)... 프랭크... 프랭크!!!
끊어 버렸어! 한 번밖에 없는 통화 기회였는데... 이제 어쩌지?
정말 안 가보실 건가요?
안가요!
진정하고 보석 신청을 해줍시다!
제가 함께 가도 될까요?
그래 주면 고맙죠, 토미!
왜 덱스터 감독과 핀레이슨 박사를 도우려는 거지? 그 사람들은 자네들을 벌레 보듯 하는데!
우리를 미워하는 자들에게 잘 해주라고 하나님께서 말씀하셨어!
계속 생각해 봤는데... 만약 진화론이 틀리고 성경이 옳다면... 죽음이 끝이 아니라 영원히 산다는 거잖아!
그래, 토미... 하나님 앞에서 반드시 우리 삶을 심판 받을* 날이 올 거야.
글쎄... 난 어떤 사람들 만큼 악하지는 않아서... 그건 크게 걱정 안해.
과연 정말 그래도 될까?

* 히브리서 9:27 "한 번 죽는 것은 사람들에게 정해진 것이고 그 뒤에 심판이 정해진 것같이"

그럼 내가 하나님과 무슨 문제라도 있단 말야?
토미, *"이는 모든 사람이 죄를 지었으므로 하나님의 영광에 이르지 못하다가" 라고 하나님께서 말씀하셨어.
그렇다면 난 가망이 없잖아! 난 지옥에 갈 수밖에 없는 거고... 그렇지 않아?
* 로마서 3:23
아니... 방법이 있어, 토미. 하나님께선 자넬 사랑하셔. 그래서 지옥의 형벌을 피할 방법을 마련해 놓으셨다구!
자세히 설명 좀 해 봐!
우리는 어떻게 인간이 이 지구에 존재하게 됐는지 논쟁했는데... 성경은 *전능하신 하나님이신 예수 그리스도께서 인간을 창조하셨다고 하셨어!
*요한계시록 1:8 "나는 알파와 오메가요, 시작과 끝이라. 주, 곧 지금도 계시고 전에도 계셨고 앞으로 오실 전능하신 분이 말하노라."
말이 되는 소릴 해, 팀! 말구유에서 태어나서 십자가에서 죽은... 그 예수 얘길 또 들어야 해?
*예수 그리스도께서 우주와 자넬 만드신 분이라는 사실은 변치 않아, 토미!
하나님 아버지께서 자네를 사랑하셔서 아들 하나님이신 예수님을 세상에 보내셨어.** 그리고 자네의 죄들을 위해 십자가에서 돌아가셨고... 이 사실을 믿으면 하늘 나라에 갈 수 있어!
*골로새서 1:16,17
**요한일서 4:14
그래서 지금 나보고 예수를 내 주님으로, 구세주로 받아들이란 말야? 만약 그렇게 하고 싶지 않다면 어떻게 된다는 거야?
지금 그렇게 하면 영광 가운데서 그분과 함께 통치하게 되지만, 그렇지 않으면 사탄과 함께 불못에서 무릎을 꿇고 그분을 주님이라고 불러야 할거야.*
*빌립보서 2:10-11 "하늘에 있는 것이나 땅 위에 있는 것이나 땅 아래 있는 것이나 모든 무릎을 예수의 이름에 꿇게 하시고 모든 혀가 예수 그리스도를 주라 시인하여 하나님 아버지께 영광을 돌리게 하셨느니라."
뭐야, 선택의 여지가 없잖아! 어떻게 해야 하는데... 난 기도할 줄도 모른단 말야!!

간단해. *자네가 지옥에 갈 수밖에 없는 죄인이고 **예수 그리스도께서 그러한 자네의 죄를 씻어 주시기 위해 십자가에서 피흘려 죽으셨다는 걸 믿어...
그리고 예수님을 자네의 구주로 영접하고 이제부터 ***예수님께 자네의 인생을 주관해 주시도록 맡겨 드려.
그렇게 할게, ... 오, 주님...
* 로마서 3:23 "이는 모든 사람이 죄를 지었으므로 하나님의 영광에 이르지 못하다가" ** 요한계시록 1:5 "...우리를 사랑하시어 자신의 피로 우리의 죄들에서 우리를 씻기시고" *** 골로새서 2:6 "너희가 그리스도 예수를 주로 영접한 것같이 그분 안에서 행하라."
5분 후
*그동안 내 인생에 더럽게 쌓여 있던 모든 것들이 다 사라진 느낌이야... 와! 굉장한 날인걸!
하나님의 가족이 된 걸 진짜 축하하네, 토미!
* 고린도후서 5:17 "그러므로 누구든지 그리스도 안에 있으면 새로운 피조물이라. 옛 것들은 지나갔으니, 보라, 모든 것이 새롭게 되었도다."
자, 핀레이슨씨와 덱스터씨... 보석금이 지불됐으니 나가셔도 좋습니다.
역시... 프랭크가 우릴 저버리지 않을 줄 알았어!
정말 천사 같은 마음씨를 가졌군!
아니, 골칫거리들인 이 자들이 여긴 웬일이지?
토미, 왜 이 두 얼간이들을 데려온 거야?
누군가가 보증인으로 보석금을 내야 했으니까요.
무슨 말이야. 이해가 안돼, 프랭크가... 내준 거 아니었어?
덱스터, 저 두 "얼간이"들이 내주신 거예요!
하하하!

코넬리씨, 만일 이 지구가 만 년 정도밖에 안됐다면요?
그렇게 되면 성경이 옳은 것이니까... 내가 돌아버리겠죠.

*진화론에 근거한 동일과정설을 지지하는 지질학자들에 따르면 지구가 45억 년 전에 생성됐다고 추정하죠?
맞습니다.

*〈콜럼비아 백과사전, *Columbia Encyclopedia*〉 제6판(2001); 그외 다른 백과사전들도 보라.

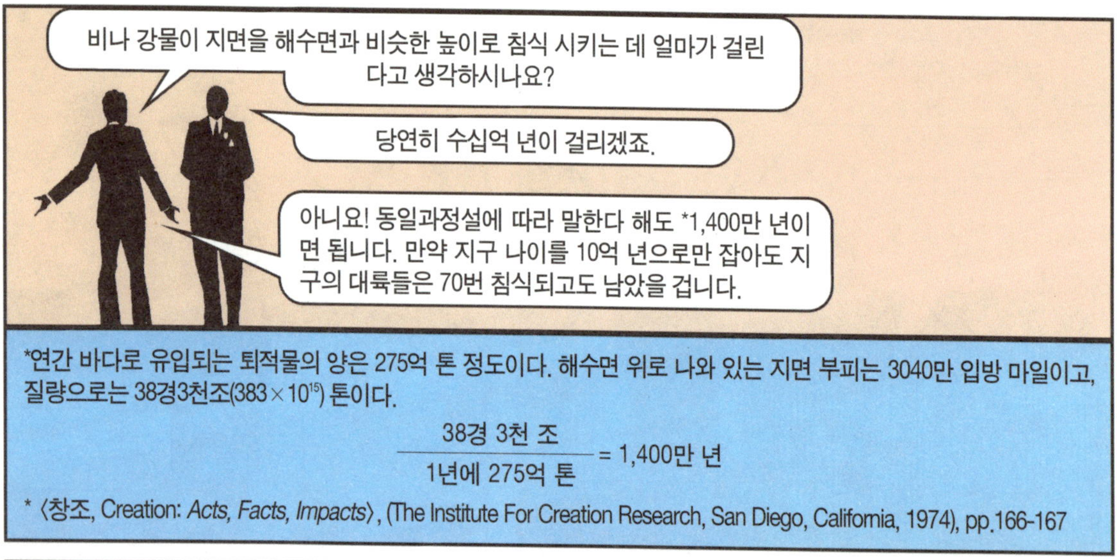
비나 강물이 지면을 해수면과 비슷한 높이로 침식 시키는 데 얼마가 걸린다고 생각하시나요?
당연히 수십억 년이 걸리겠죠.
아니요! 동일과정설에 따라 말한다 해도 *1,400만 년이면 됩니다. 만약 지구 나이를 10억 년으로만 잡아도 지구의 대륙들은 70번 침식되고도 남았을 겁니다.

*연간 바다로 유입되는 퇴적물의 양은 275억 톤 정도이다. 해수면 위로 나와 있는 지면 부피는 3040만 입방 마일이고, 질량으로는 38경3천조(383×10^{15}) 톤이다.

$$\frac{\text{38경 3천 조}}{\text{1년에 275억 톤}} = \text{1,400만 년}$$

* 〈창조, Creation: *Acts, Facts, Impacts*〉, (The Institute For Creation Research, San Diego, California, 1974), pp.166-167

아래의 인구 증가표를 통해 알 수 있는 것은, 인간의 시작은 겨우 몇천 년 전이라는 것입니다. 가장 오래된 산호초, 가장 큰 사막, 가장 오래된 나무들도 고작 몇천 년 된 것들입니다.

[창조 세미나 #1]을 보시면 지구의 시작이 수십억 년 전이 아니라는 수십 가지 증거들을 볼 수 있습니다.

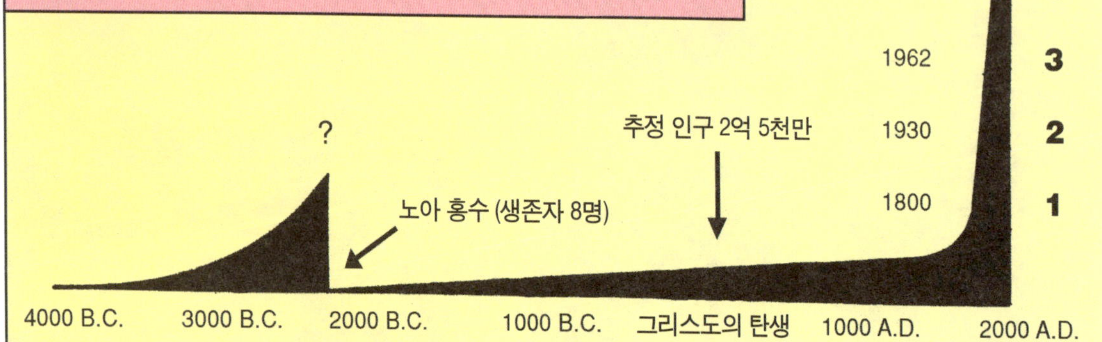
2000 6
1985 5
1977 4
1962 3
1930 2
1800 1
?
추정 인구 2억 5천만
노아 홍수 (생존자 8명)
4000 B.C.
3000 B.C.
2000 B.C.
1000 B.C.
그리스도의 탄생
1000 A.D.
2000 A.D.

오... 프랭크, 정말 너무 너무 미안해요. 많이 기다리셨죠?
프랭크... 고의가 아니었으니 이해하리라 믿어요. 아시다시피 오는 길에 문제가 좀 있었잖아요.
당신들을 다시는 상대하고 싶지 않소.
린드 박사가 진화론이 얼마나 허무맹랑한 소린지 증명해 줬어요.
잠깐만요, 프랭크... 사소한 몇 가질 갖고 뭘 그렇게 마음을 쓰고 그래요!
프랭크, 장소를 좀 옮겨서 얘기합시다. 아주 중요한 사안이에요.
진정해요, 프랭크... 알 만한 사람이 갑자기 왜 그래요... 이번 TV 시리즈로 얻을 수 있는 것들을 생각해야죠.
다 취소해 버릴 수도 있소. 핀레이슨.
아니... 그럴 수 없을 거요. 내가 당신이 거절할 수 없을 만한 조건을 내놓을 거니까...
린드 박사님... 어떻게 될까요?
글쎄요... 제가 설명한 부분들이 모두 사실이라는 걸 인정한 건 확실한데...
좋아요. 당신 제안을 받아 들이죠. 그 자들에게 알려야겠소.
손님들을 들여보내요.

양쪽 얘길 모두 들었고... 당신들이 옳다는 걸 알았소.
의심 없이 모두 믿습니다.
그래서 이제 어떻게 하실 생각입니까, 코넬리씨?
제겐 단 한 가지 길밖에 없습니다.
진화론 시리즈를 계속 제작하는 거죠.
아이들을 거짓으로 세뇌 하는 것이고... 그 해악으로 많은 사람들이 파멸된다 할지라도 말입니까?
알아요.
도대체 그런 짓을 해서 뭘 얻겠다는 겁니까?
당신들은 당신들 하나님을 섬기면 되고... 나는 내 신을 섬기면 되는 거요.
당신의 신이라 구요?
"돈" 이죠... 난 모든 방법을 써 서 그 돈을 거머 쥘 거요!